Berühmte

BURGEN

Bauen

Wie wurde man

RITTER?

ANGRIFF

auf die Burg

In der

WAFFENKAMMER

ÜBERLEG MAL!

Arme

DIE *Ritterburg*

RITTER

Berühmte *Kochen*

SCHLÖSSER

us dem

TER

QUIZ

Auf in den

Ritterschwert

KAMPF!

DAS

Festmahl

SCHON gewusst?

HUI!

Gespensterzeit!

Dieses Buch gehört:

....

© 2020 klein & groß Verlag,
Bauerngasse 29, 90443 Nürnberg
Redaktion: Hannah Kastenhuber
Gestaltung: Tocologo Kommunikationsdesign
Repro: m4p Kommunikationsagentur GmbH, Nürnberg
Druck: Leo Paper
Alle Rechte vorbehalten
ISBN 978-3-946360-29-2

....

Weitere Informationen zum Kinderbuchprogramm
des klein & groß Verlags finden sich auf

www.kleinundgross-verlag.de

Alle Basteleien und Mitmach-Aktionen in diesem Buch
sind sorgfältig ausgewählt und geprüft. Dennoch können
weder Urheber noch Verlag eine Garantie übernehmen.
Eine Haftung für Personen-, Sach- und Vermögensschäden
ist ausgeschlossen.

Mein Sach- und Mach- RITTER- Buch

klein & groß
Verlag

INHALT

Bergfried

Palas

Zinnen

Burggarten

Burgtor

Wehrmauer

DIE RITTERBURG

Die dicken Mauern der Ritterburg
schützten die Bewohner
vor Angreifern.

Wehrgang

Stall

Wachturm

Brunnen

Bauern

Fallgitter

Zugbrücke

Der Palas

Das große Wohngebäude des Burgherrn und seiner Familie wurde Palas genannt. Im ersten Stock befand sich der Rittersaal. In den oberen Geschossen wohnte und schlief die Ritterfamilie.

Der Bergfried

Vom Bergfried aus hatte man einen weiten Blick ins Land. Auf dem Turm standen Wächter und meldeten, wenn sich Fremde der Burg näherten.

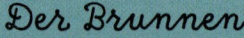

Der Burggarten

Die Bewohner der Burg mussten sich selbst mit Lebensmitteln versorgen. Im Burggarten pflanzten sie Obst und Gemüse an und zogen Gewürz- und Heilkräuter.

Der Brunnen

Zum Trinken, Kochen, Putzen und Waschen holten die Burgbewohner frisches Wasser aus dem Brunnen. Außerdem wurde auf der Burg viel Bier gebraut.

Fallgitter und Zugbrücke

Das Burgtor wurde streng bewacht. Drohte ein Angriff auf die Burg, wurde das Fallgitter herabgelassen und die Zugbrücke hochgezogen.

Die Stallungen

Auf einer Burg gab es viele Tiere. In den Stallungen waren Schweine, Kühe, Pferde, Hunde, Hühner und Gänse untergebracht.

Die Bauern

Die Bauern lebten außerhalb der Burg. Sie arbeiteten schwer auf den Feldern. Einen Teil ihrer Ernte mussten sie an den Burgherrn abliefern. Im Gegenzug gewährte ihnen der Burgherr Schutz bei einem Angriff.

ÜBERLEG MAL!

WOZU DIENTE DIESER ANBAU AN DER AUSSENMAUER DER BURG?

Die Antwort findest du auf Seite 45!

WELCHE BURGEN
gibt es?

Die *Marksburg* in Deutschland ist eine **Höhenburg**. Sie wurde auf einem Felsen errichtet. Feinde waren so schon von weitem zu erkennen.

Die *Burg Predjama* in Slowenien ist eine **Höhlenburg**. Sie wurde tief in den Felsen gehauen. Feinde konnten sich lediglich von einer Seite her nähern.

Bodiam Castle in England ist eine **Wasserburg**. Sie ist von einem breiten Wassergraben umgeben. Angreifer konnten die Burg nur mit Booten erreichen.

Berühmte
BURGEN

Die längste Burg der Welt – die **Burg zu Burghausen** – befindet sich in der gleichnamigen bayerischen Stadt Burghausen. Die gesamte Anlage ist über 1050 Meter lang.

Mont-Saint-Michel in Frankreich wurde ursprünglich von Mönchen als Kloster mitten im Wattenmeer errichtet. Später baute man Abtei und Berg zu einer Festung um.

Auf der **Törzburg** in Rumänien hat angeblich Graf Dracula gewohnt. Das wird zumindest den Touristen erzählt ...

Die Namen vieler Städte, wie zum Beispiel Hamburg, Würzburg oder Salzburg, erinnern daran, dass sie um eine Burganlage herum entstanden sind.

Alles KLAR!

Verwunschene MÄRCHENBURG

DU BRAUCHST:

- Karton (ungefähr 14 cm x 14 cm x 20 cm)
- graue und braune Plakafarbe
- Pinsel, Bleistift
- Tonpapier in verschiedenen Farben
- Wellpappe
- gestreiften Fotokarton
- Schere, Kleber
- 4 Klorollen
- silbernes Glanzpapier
- Unterteller
- Schaschlikspieß
- grüne Wolle
- rotes Krepppapier

1. Zuerst malst du den Karton grau an. Sobald die Farbe getrocknet ist, zeichnest du mit Bleistift Mauersteine darauf.

2. Aus Tonpapier schneidest du Fenster und ein Tor aus, malst sie an und klebst sie auf die Burg.

3. Nun beklebst du die Klorollen mit Wellpappe und gestreiftem Fotokarton.

4. Dann legst du einen Unterteller auf das Glanzpapier, umrandest ihn und schneidest den Kreis aus. Diesen Kreis faltest du in der Mitte und schneidest ihn auseinander.

5. Aus vier solchen Halbkreisen bastelst du jetzt die Turmdächer, indem du sie wie auf der Zeichnung zu einem Kegel rollst und zusammenklebst. Aus grauem Tonpapier schneidest du Zinnen aus und klebst sie zusammen mit den Dächern an den Türmen fest.

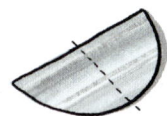 

6. Aus Tonpapier und einem Schaschlikspieß, den du in vier Stücke teilst, bastelst du vier Fähnchen. Verziere jedes Fähnchen mit einer Krone aus Glanzpapier. Stecke die Fähnchen dann in die Dachspitzen und klebe sie von innen mit einem Tropfen Kleber fest.

7. Schneide die Unterseiten der Klorollen an jeweils zwei Stellen ein. Stecke jetzt die Türme auf die vier Ecken deiner Burg.

8. Zum Schluss klebst du aus grüner Wolle und kleinen roten Krepppapier-Kügelchen Kletterrosen auf deine Burgmauer.

Wer lebte auf DER BURG?

Auf einer Burg wohnten und arbeiteten zahlreiche Menschen. Jeder hatte seine Aufgabe.

Der **Burgherr** verwaltete die Burg und die umliegenden Ländereien. Er schlichtete Streitigkeiten unter den Bauern und sprach Recht. Bei einem Angriff auf die Burg hatte er den Befehl über die Ritter und Burgwachen.

Eine **verheiratete Frau** trug im Mittelalter immer eine Haube aus einem steifen, weißen Leinentuch. Nur Frauen, die nicht verheiratet waren, durften das Haar unbedeckt lassen.

Die **Burgherrin** erzog die Kinder und war für den Haushalt zuständig. Sie besprach den Speiseplan mit dem Koch, sorgte dafür, dass genügend Vorräte vorhanden waren, und teilte den Knechten und Mägden ihre Aufgaben zu.

Die **Mägde** arbeiteten in der Küche und putzten die Wohnräume. Sie kümmerten sich um den Burggarten und wuschen die Wäsche.

Die **Knechte** hackten Holz, versorgten das Vieh und arbeiteten auf dem Feld. Außerdem besserten sie die Gebäude aus.

Alles KLAR!

Auf einer Burg lebten auch noch Zimmerleute, Köche, Burgwachen, ein Priester – und natürlich Kinder.

Der **Schmied** stellte aus Eisen Werkzeuge, Nägel und Messerklingen her. Er reparierte Waffen, schmiedete Hufeisen und die Spitzen für Pfeile und Lanzen.

Hui!
GESPENSTERZEIT!

In jeder Burg wohnt natürlich auch ein Gespenst ...

DU BRAUCHST:

- ein weißes Bettlaken
- einen schwarzen Stoffmalstift
- Schere
- schwarze Wolle
- Kleber
- Wackelaugen
- schwarzes Moosgummi
- silberfarbenes Tonpapier
- Lineal
- Nähnadel
- weißen Faden

1. Leg dir das weiße Bettlaken über den Kopf und lass dir von einem Erwachsenen die Stellen markieren, an denen sich die Augen befinden. Nimm das Bettlaken nun wieder ab und schneide zwei Löcher für die Augen hinein.

2. Mit einem schwarzen Stoffmalstift umrandest du die Augen und malst Nase. Mund und Augenbrauen auf.

3. Aus schwarzer Wolle formst du ein Spinnennetz und klebst es auf den Umhang.

4. Danach schneidest du aus schwarzem Moosgummi zwei Spinnen aus und klebst sie ebenfalls auf das Bettlaken.

5. Nun faltest du das Bettlaken zu einem Dreieck. Die beiden Spitzen, die sich links und rechts vom Gespenster-Gesicht befinden, nähst du jeweils mit einem weißen Faden aneinander fest.

6. Zum Schluss bastelst du den „Eisengürtel": Aus silberfarbenem Tonpapier schneidest du etwa zwölf Zentimeter lange und zwei Zentimeter breite Streifen aus und formst daraus Ringe, die du ineinanderklebst.

Gruselig!

Wie wurde man
RITTER?

Die Ausbildung zum Ritter dauerte viele Jahre.
Nur die Söhne aus vornehmen, reichen Familien
konnten Ritter werden, da Rüstung, Waffen
und Pferde viel Geld kosteten.

Mit etwa sieben Jahren verließ der
Junge sein Elternhaus und begann
seinen Dienst an einem fremden Hof.

Dort wurde er Page (sprich: Pahsche).
Das bedeutete, dass er in Küche und Stall
helfen musste. Als Page lernte er außerdem
gutes Benehmen bei Tisch, singen, tanzen,
Schach spielen und ein Musikinstrument.

Mit ungefähr 14 Jahren wurde der Page zum Knappen.

Nun begleitete er den Ritter und half ihm vor Kämpfen und Turnieren in die Rüstung. Als **Knappe** versorgte der Junge die Pferde und putzte die Rüstungen. Er lernte reiten, Bogenschießen und den Umgang mit Schwert und Lanze.

WANN WAR EIGENTLICH DAS MITTELALTER?

Als Mittelalter wird die Zeit zwischen 500 und 1500 nach Christus bezeichnet. Man unterscheidet drei Abschnitte: Das *Frühe Mittelalter* umfasste die Zeit von 500 bis 1000. Das *Hohe Mittelalter* dauerte von 1000 bis 1250. Vom *Späten Mittelalter* spricht man, wenn man die Zeit von 1250 bis 1500 meint.

Mit etwa 21 Jahren wurde der Knappe zum Ritter geschlagen.

Bevor es so weit war, verbrachte der Knappe die Nacht in der Kapelle und betete. Am nächsten Tag zog er festliche Gewänder an. Dann kniete der Knappe sich vor seinem Herrn hin. Dieser berührte mit seinem Schwert leicht die linke Schulter des jungen Mannes: Der Knappe war nun zum **Ritter** geschlagen und erhielt sein eigenes Schwert.

Die RITTERRÜSTUNG

In seiner Rüstung war der Ritter gut geschützt.

Helm

Visier mit Sehschlitz

Brustpanzer

Schulterstück

Ellenbogenkachel

Kettenhemd

eiserne Handschuhe

Kniekacheln

eiserne Schuhe

Alles KLAR!

Unter der Rüstung trug der Ritter ein Kettenhemd – und darunter ein gepolstertes Gewand. Eine Ritterrüstung wog etwa 30 Kilogramm.

In der
WAFFENKAMMER

Zum Kämpfen standen dem Ritter verschiedene Waffen
zur Verfügung. Am häufigsten benutzte er das Schwert.

Dolch

Schwert

Streitaxt

Streitkolben

Lanze

Morgenstern

Da ein Ritter in voller Rüstung im
Kampf nicht mehr zu erkennen war,
trug er einen Schild, auf dem sein
Wappen zu sehen war.
Am Wappen konnte man erkennen,
zu welcher Familie der Ritter gehörte
und woher er kam.

Wir bauen ein
RITTERSCHWERT!

DU BRAUCHST:

- ein Buchenbrett, 1 Meter lang,
  6 Zentimeter breit und
  1 Zentimeter dick
- eine Buchenleiste,
  3 Zentimeter breit
- Schraubstock
- Schraubzwingen
- Schleifpapier oder eine
  kleine Schleifmaschine
- Säge
- Bohrmaschine
- Holzleim
- Lineal, Stift
- Acrylfarbe (metallic)
- Pinsel
- Velourslederband
- Feile, Raspel
- Schmuckstein
- Heißkleber
- Holzöl

ACHTUNG!
Das Schwert muss natürlich mit Hilfe eines Erwachsenen gebaut werden!

1. Zeichne die Umrisse des Schwertes auf das Buchenbrett.

4 cm — 6 cm — 18 cm — 18 cm — 1 cm — 45 cm — 6 cm

2. Befestige das Brett mit der Schraubzwinge an einem Tisch. Bohre nun mehrere Löcher ins Parierstück. Bohre dann einen Schlitz.

3. Bohre am Griff zwei Löcher.

4. Säge das Parierstück vom Buchenbrett ab.

5. Säge das Parierstück aus dem Brett.

 6. Begradige den Schlitz mit Feile und Raspel. **Achtung:** Der Schlitz des Parierstücks muss genau die Maße des Bretts haben!

7. Schleife das Parierstück und bemale es mit Acryllack. **Den Schlitz nicht lackieren!**

8. Befestige das Schwert mit Schraubzwingen. Säge es mit Stich- und Handsäge aus.

9. Verstärke den Griff auf beiden Seiten mit einem Stück aus der Buchenholzleiste. Klebe diese Stücke mit Holzleim fest und lass sie einige Minuten trocknen.

10. Bearbeite die Klinge und den Griff mit Hilfe von Raspel und Feile, damit alles eine schöne Form bekommt.

11. Glätte das Schwert mit Schleifpapier oder Schleifmaschine.

12. Klebe das Parierstück mit Holzleim fest.

13. Umwickle den Griff mit Veloursband. Verteile während des Wickelns einige Tropfen Heißkleber auf dem Griff, damit das Band gut hält.

14. Bestreiche das Schwert zuletzt mit Holzöl. Und wer mag, klebt noch einen Schmuckstein auf den Griff.

FERTIG!

Wie lebten die
MÄDCHEN UND FRAUEN
auf der Burg?

Die Kinder auf der Burg spielten mit Stecken-pferden, Schwertern und Schilden aus Holz, mit Lederbällen und Seilen. Alle **Spielsachen** bestanden aus Naturmaterialien, wie zum Beispiel Holz oder Leder.

Auf der Burg wurde viel Musik gemacht. Man spielte zum Beispiel Harfe oder Laute. Außerdem erzählte man sich Märchen und Sagen oder vertrieb sich die Zeit mit Brettspielen wie Mühle, Dame oder Schach.

Die Mädchen und Frauen auf der Burg konnten reiten. Da sie lange Kleider trugen, saßen sie in einem Damensattel. Das heißt, dass sich beide Beine auf einer Seite des Pferdes befanden.

ÜBERLEG MAL!

WIE ALT WURDEN DIE MENSCHEN IM MITTELALTER?

Die Lösung findest du auf Seite 45!

Die Töchter der Ritterfamilie lernten nähen, weben, sticken und spinnen. Viele konnten auch lesen, schreiben und rechnen.

Viele adelige Frauen kannten sich gut mit Heilkräutern aus. Zu ihren Aufgaben gehörte es, sich um Kranke zu kümmern.

Die
BURGKÜCHE

Das Essen wurde in der Burgküche zubereitet. Da oft für viele Menschen gekocht wurde, arbeiteten dort zahlreiche Köche, Mägde und Knechte.

Im Alltag aßen die Menschen Getreidebreie, Brot, Käse, Gemüse und Obst. Gewürzt wurde mit Kräutern, gesüßt mit Honig. Salz verwendete man kaum, da es sehr teuer war.

Da es keine Kühl- oder Gefrierschränke gab, legte man im Mittelalter Vorräte an, um den Winter zu überstehen. Deshalb wurden im Herbst Pilze und Beeren getrocknet.

Arme RITTER

DU BRAUCHST:

- 4 Scheiben Toastbrot
- ¼ Liter Milch
- 2 Eier
- etwas Salz
- 1 Teelöffel Zucker
- etwas Butter
- Marmelade

 In einer Schüssel Milch, Salz und Zucker verrühren. Die Eier aufschlagen und mit der Milch verquirlen.

 Nacheinander die Toastbrot-Scheiben in der Eiermilch kurz einweichen.

 Etwas Butter in einer Pfanne erhitzen. Die Brotscheiben von beiden Seiten braten.

 Auf einem Teller anrichten und mit Marmelade essen.

 IM MITTELALTER HATTE MAN ZWAR LÖFFEL UND MESSER, GEGESSEN WURDE ABER VOR ALLEM MIT DEN FINGERN. GABELN MIT MEHREREN ZINKEN, WIE WIR SIE HEUTE VERWENDEN, GAB ES NICHT.

Köstlich!

DAS FESTMAHL

An Festtagen bogen sich die Tische unter den vielen Speisen, die in der großen Halle der Burg aufgetragen wurden.

Es gab ganz besondere Gerichte, wie zum Beispiel einen gebratenen Pfau oder einen gebratenen Schwan. Die Tiere wurden häufig mit ihrem echten Gefieder auf einer Platte serviert.

Während des Festmahls sorgten Gaukler und Musikanten für die Unterhaltung der Gäste. Nach dem Essen wurde bis spät in die Nacht hinein getanzt.

Der Burgherr, seine Familie und die Ehrengäste saßen an einer erhöhten Tafel.

QUIZ

WAS GAB ES IM MITTELALTER NOCH NICHT ZU ESSEN?

a) Kartoffeln
b) Schokolade
c) Tomaten

Die Lösung findest du auf Seite 45!

WAS PASSIERTE
bei einem Turnier?

Die Burgherren veranstalteten regelmäßig Turniere. Dazu luden sie Ritter ein, die ihre Geschicklichkeit beweisen sollten.
Das beliebteste Waffenspiel war der `Tjost`: Die Gegner ritten aufeinander zu und versuchten mit Hilfe ihrer Lanzen, den anderen vom Pferd zu stoßen.
Bei Turnieren wurde nach festen Regeln gekämpft. Es ging darum, den Gegner zu besiegen – ohne ihn zu verletzen.

Während eines Turniers war immer viel los! Marktstände waren aufgebaut, es gab reichlich zu essen, und Gaukler zeigten ihre Kunststücke. Außerdem spielten Musiker mit Harfen, Trommeln und Flöten.

QUIZ

WAS KONNTE EIN RITTER BEIM TURNIER GEWINNEN?

a) Ehre und Ruhm

b) Pferd und Rüstung

c) Geld

Die Lösung findest du auf Seite 45!

Auf in den
KAMPF!

DU BRAUCHST:

- Pappe (etwa 35 x 40 cm)
- Bleistift
- Schere
- zwei Flügelklammern
- Stoffreste
- Nagelschere
- braune Plakafarbe
- Pinsel
- Ton- oder Glanzpapier
- schwarzen Filzstift
- Kleber

 3. Dann schneidest du aus Stoffresten einen etwa 20 Zentimeter langen und drei bis vier Zentimeter breiten Streifen aus, bohrst zwei kleine Löcher in die Enden und befestigst den Stoff mit Flügelklammern an deinem Schild.

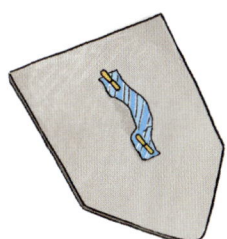

 4. Nun malst du den Schild mit brauner Plakafarbe an.

 1. Mit Bleistift malst du die Umrisse deines Ritterschilds auf die Pappe. Schneide den Schild aus. Wenn die Pappe zu dünn ist, schneidest du einfach zwei Schilde aus und klebst sie aufeinander.

 5. Zeichne mit Bleistift einen Drachen auf das Ton- oder Glanzpapier. Schneide ihn aus und klebe ihn auf deinen Schild.

2. Mit einer Nagelschere bohrst du zwei kleine Löcher in den Schild (etwa im Abstand von 15 Zentimetern).

Fertig!

ANGRIFF
auf die Burg

Eine Burg wurde meist nicht sofort angegriffen. Die Feinde belagerten sie oft wochenlang, um die Burgbewohner auszuhungern. In dieser Zeit bauten die Angreifer ihre Waffen.

Schießscharte

Sturmleiter

Belagerungsturm mit Zugbrücke

Der Belagerungsturm war ein großes Holzgestell auf Rollen. Die Angreifer rollten den Turm dicht an die Burgmauer heran. Dann ließen sie die Zugbrücke herab und stürmten in die Burg.

Schutzwehr

Die Schutzwehr diente als Deckung.

Mit dem **Katapult** schleuderten die Angreifer große Steine oder brennende Pfeile über die Burgmauern.

Der **Rammbock** war ein Holzgerüst, in dem sich ein dicker Holzstamm mit einer Eisenspitze befand. Damit versuchten die Angreifer, das Burgtor einzurammen. Das Holzgerüst war mit nassen Fellen bedeckt, die die Angreifer vor brennenden Pfeilen schützten.

Rammbock

Katapult

Wie wurde im MITTELALTER gesprochen?

Zur Zeit der Ritter sprachen die Menschen lediglich die Dialekte ihrer Heimatregionen. Leute aus unterschiedlichen Gegenden hätten sich also vermutlich nicht miteinander unterhalten können. Eine allgemein verbindliche Amtssprache gab es nicht. Da die Leute nur selten verreisten, war das aber kein Problem. Die mittelalterlichen Dichter und Sänger jedoch, die viel unterwegs waren, fingen irgendwann an, allgemein gebräuchliche Begriffe und Formulierungen aufzuschreiben. So entstand das Mittelhochdeutsche. Von nun an wurden Lieder, Legenden und Heldenerzählungen schriftlich festgehalten. Das Mittelhochdeutsche ist für uns trotzdem nur schwer zu verstehen.
„Dû bist mîn, ich bin dîn" gilt als das älteste mittelhochdeutsche Liebeslied. Es wurde um das Jahr 1180 von einem unbekannten Schriftsteller verfasst.

Im Mittelalter konnten die meisten Menschen weder lesen noch schreiben. Nur Adelige und Mönche wurden in dieser Kunst unterrichtet.

Alles KLAR!

Mittelhochdeutsches Original:	Übersetzt in unsere heutige Sprache:
Dû bist mîn, ich bin dîn.	Du bist mein, ich bin dein.
des solt dû gewis sîn.	Dessen sollst du gewiss sein.
dû bist beslozzen	Du bist eingeschlossen
in mînem herzen,	in meinem Herzen,
verlorn ist das sluzzelîn:	verloren ist das Schlüsselchen:
dû muost ouch immêr darinne sîn.	Du musst auch für immer darin sein.

REDEWENDUNGEN
aus dem Mittelalter

Redewendung	Bedeutung im Mittelalter	Bedeutung heute
gut gerüstet sein	eine Rüstung tragen und funktionsfähige Waffen haben	gut vorbereitet sein
etwas im Schilde führen	auf dem Schild der Ritter war das Wappen ihrer Familien abgebildet	etwas vorhaben
jemandem unter die Arme greifen	jemandem helfen, nachdem er beim Kampf vom Pferd gefallen ist und nicht mehr alleine aufstehen kann	jemandem helfen
für jemanden eine Lanze brechen	anstelle eines anderen Ritters im Turnier kämpfen	sich für jemanden einsetzen
jemanden ins Visier nchmen	jemanden durch die Augenschlitze des Helms aufmerksam ansehen	jemanden genau beobachten
hieb- und stichfest sein	die Rüstung schützte den Ritter vor Hieben und Stichen	eine Aussage ist nicht zu widerlegen
fest im Sattel sitzen	während des Kampfes sicher auf dem Pferd sitzen	jemand hat eine sichere Position und ist in keinster Weise gefährdet

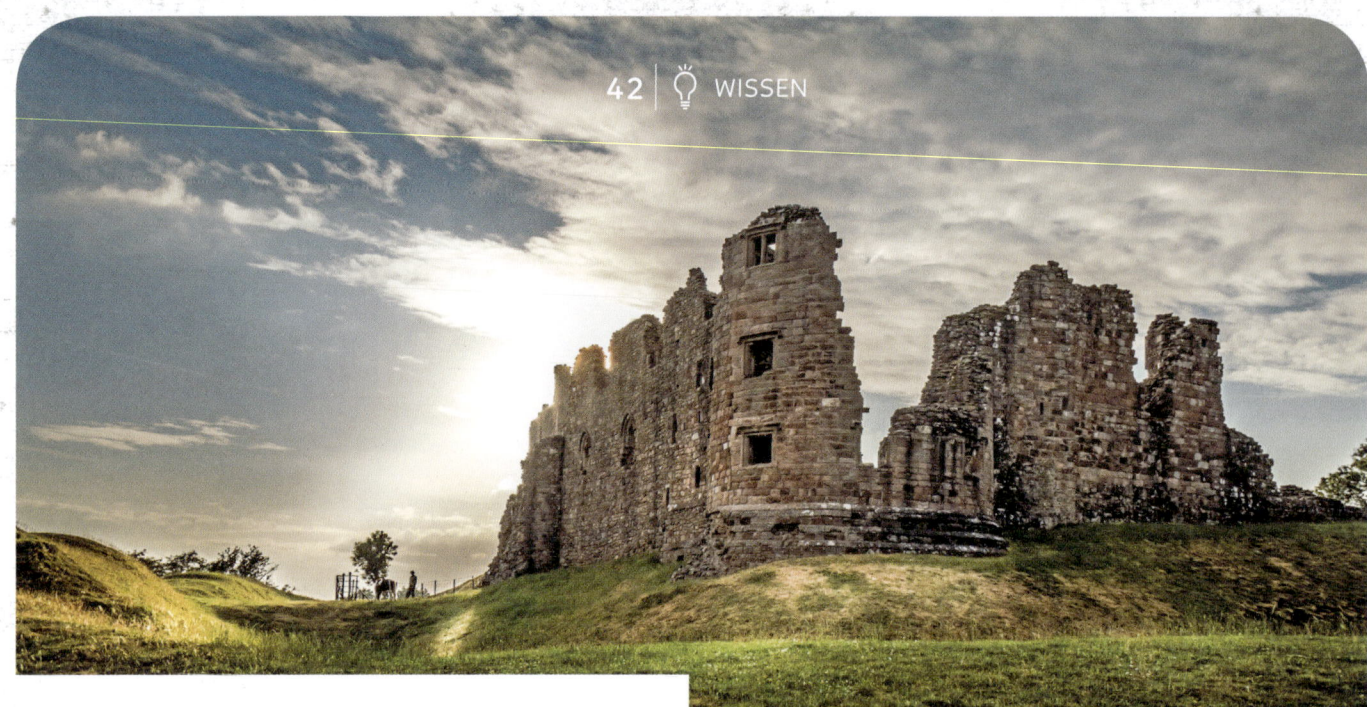

WARUM
ging die Zeit der Burgen zu Ende?

Im *späten Mittelalter* kamen **Schießpulver und Kanonen** zum Einsatz. Die Burgmauern boten nun keinen Schutz mehr. Viele Burgen verfielen.

Schloss Schwerin

Als die Zeit der Burgen vorüber war, wurden *prunkvolle Schlösser* mit großen Parkanlagen gebaut. Die Besitzer wollten jetzt ihren **Reichtum** zur Schau stellen.

BERÜHMTE
Schlösser

Schloss Neuschwanstein

Schloss Neuschwanstein wurde im 19. Jahrhundert für den bayerischen König Ludwig II. erbaut. Es ist eines der berühmtesten Sehenswürdigkeiten Deutschlands.

Schloss Schönbrunn

Schloss Schönbrunn in Wien ist das größte Schloss Österreichs. Erbaut wurde es im 18. Jahrhundert für Kaiserin Maria Theresia. Im Schlosspark befindet sich der Tiergarten Schönbrunn.

In **Schloss Versailles** residierten die französischen Könige. Es ist eine der größten europäischen Palastanlagen und steht im gleichnamigen Ort ganz in der Nähe von Paris.

Schloss Versailles

GLITZERKRONEN

DU BRAUCHST:

- Alu-Bastelkarton in Gold und Silber
- Lineal
- Bleistift
- Schere
- Cutter
- Transparentpapier in verschiedenen Farben
- Kleber
- bunte Schmucksteine
- Flügelklammern

1. Zeichne den Umriss der Krone mit Bleistift und Lineal auf den Bastelkarton. **Wichtig:** Der Karton muss etwa fünf Zentimeter länger sein als dein Kopfumfang! Schneide die Krone aus.

2. Lass dir von einem Erwachsenen mit dem Cutter ein kleines Dreieck in jeden Zacken der Krone schneiden. Schneide dann aus dem Transparentpapier etwas größere Dreiecke aus und klebe sie auf die Rückseite der Krone.

3. Jetzt verzierst du deine Krone mit bunten Steinen. Wenn der Kleber getrocknet ist, legst du dir die Krone so um den Kopf, dass die Enden übereinanderliegen. Nun werden die beiden Enden an zwei Stellen durchbohrt und mit Flügelklammern verschlossen.

Seite 11:

Das war das Plumpsklo. Im Anbau befand sich ein gemauerter Sitz mit einem Loch. Kot und Urin platschten an die Burgmauern oder landeten im Burggraben.

Seite 29:

Die Menschen im Mittelalter wurden durchschnittlich nur 30 bis 35 Jahre alt. Viele Kinder starben bereits im Säuglingsalter. Zahlreiche Krankheiten konnten nicht geheilt werden. Zudem kosteten Seuchen, wie zum Beispiel Lepra oder Pest, vielen Menschen das Leben.

Seite 33:

Richtig sind die Antworten a, b und c. Sowohl Kartoffeln als auch Schokolade und Tomaten wurden erst später aus Süd- beziehungsweise Mittelamerika eingeführt. Nudeln gab es übrigens im Mittelalter auch noch nicht!

Seite 35:

Richtig sind die Antworten a, b und c.

Fotos:
Adobe Stock: Masson (1), Vaceslav Romanov (1), sky-diez (1), marcofinelli (1), Adrian72 (12), michelaubryphoto (23), Eagle (23), Zdmolier (23), Blickfang (23), Alex Shadrin (28), alicja neumiler (30), 9parusnikov (32), Alexander Spegalskiy (1, 34), fiona_toke (34), Tomasz Zajda (1, 39), SEvenly (1, 42), stocksolutions (42), JFL Photography (43), pure-life-pictures (43), aterom (43), JanSommer (48)
iStockphoto: emicristea (13), photomanx21 (23), swisshippo (30), Biitli (30), znm (32), Elen11 (39), ZU_09 (40), hbbolten (42)
Shutterstock: Uwe Aranas (13), ventdusud (13), ermess (23),
Pixabay: 16, 41
photocase: gregor.kiosk (6), pischare (20)
Thinkstockphotos: 12 (2), 22, 23
Alex Pusch: 1, 24–27
Jens Wegener: 1, 14, 18, 36, 44, 48
Horst Linke: 31

Illustrationen:
Cornelia Krug: 8, 9, 10, 11, 16, 17, 20, 2, 28, 29, 32, 33, 35, 38, 39
Sonja Gagel: 15, 19, 37

Kreativseiten:
Hannah Kastenhuber: 14, 15, 18, 19, 36, 37, 44

Alles KLAR!

RITTERRÜSTUNG

Burgküche

Wissen

Redewendunge

MITTEL

Basteln

Wie lebten die MÄDCHEN UND FRAUEN auf der Burg?

Verwunschene

MÄRCHENBURG

Glitzerkronen